LE CARNET

DE

L'ABBÉ VIDAL

NOTES INTIMES

MARSEILLE

IMPRIMERIE E. JOUVE ET Cⁱᵉ

Rue Montgrand, 36.

1879

LE CARNET

DE

L'ABBÉ VIDAL

NOTES INTIMES

MARSEILLE

IMPRIMERIE E. JOUVE ET Cie

Rue Montgrand, 36.

—

1879

Le 17 mars 1875, à La Ciotat, son pays natal, un jeune et modeste prêtre, l'abbé J. Vidal, cessait de vivre. Ses amis versèrent des larmes sur son cercueil, et désireux de conserver dans leur cœur le culte de sa mémoire, ils voulurent bien me demander de lui consacrer quelques lignes pour les déposer comme une fleur d'amitié sur sa tombe à peine fermée. C'était plutôt le pleur d'un ami qu'un éloge funèbre. Elles durent cependant à l'intérêt qui s'attachait à ce jeune mort de faire quelque impression, et l'on m'invita à mettre dans tout son jour cette figure dont je venais d'esquisser les principaux traits.

Malgré le vif désir que j'éprouvais de faire partager à d'autres mon enthousiasme pour ce beau caractère sacerdotal, j'estimais que son histoire était trop courte pour être racontée, ou, pour mieux dire, que lorsqu'on meurt à 30 ans on n'a pas d'histoire. Son existence extérieure était bien courte, en effet. Deux parroisses seulement, pendant les six années de son ministère, l'avaient connu : Roquevaire et Saint-Théodore, à Marseille. D'autre part, les écrits qu'il laissait étaient assez remarquables , sans doute , pour être publiés , mais c'étaient des fragments, rien de complet. Les recherches faites pour retrouver sa correspondance avaient été infructueuses ; je n'avais entre les mains que quelques lettres du collége écrites à sa sœur. Ces lettres remarquables à plus d'un point de vue sont rares et trop intimes pour être publiées. Elles m'ont cependant rappelé une belle page que M. Sainte-Beuve, inspiré par Châteaubriand et sa sœur Lucile, a écrite à propos de ces sœurs d'hommes de génie.... Malgré la différence des situations et du talent, je n'ai pu me défendre de ce souvenir en lisant ces lettres, et je suis convaincu que la délicatesse

des sentiments de la sœur n'a pas
été sans influence sur la noblesse
de ceux du frère.

J'avais donc renoncé à ce projet
et j'allais rendre à la famille les
papiers ou, pour mieux dire, les re-
liques de ce cher ami, quand mes
yeux tombèrent par hasard sur un
carnet où il marquait ses impressions. Je savais, d'ailleurs, combien
il aimait à noter ses pensées, ses dis-
positions, tantôt sur un carnet, tantôt sur des bouts de papiers à lettres
trop souvent déchirés au hasard.
Cette lecture m'intéressa vivement ;
je pensais qu'elle pourrait aussi in-
téresser bien des âmes, les édifier
surtout. Malheureusement ce carnet
est fort incomplet ; plusieurs cahiers

ont été perdus. Mais rien ne pourra peindre aussi fidèlement cette belle âme qui, pendant son court pèlerinage ici-bas, n'a cessé, on le verra, de poursuivre la beauté morale absolue. Comme son front, ses écrits en portent le rayonnement. C'est ce qui me frappa, il m'en souvient, lorsque je le vis pour la première fois. Qu'on me pardonne ce souvenir personnel. C'était un soir d'été. Dans la cour du collége catholique de Marseille on me montra ce jeune homme, à la pâle et mélancolique figure, au regard triste et doux. Il ne jouait pas. Il semblait rêver. Ce n'était pas fierté ou dédain, mais il était de ceux qui trouvent parfois la solitude sans la chercher au milieu des hommes. Son idéal, comme on a dit d'un jeune homme enlevé lui aussi prématurément à la religion et aux lettres, son idéal était en lui-même ou dans des horizons lointains où il avait laissé la meilleure partie de lui-même. Du fond de cette cour retentissante, il le poursuivait, il lui parlait. il l'entendait assez distinctement pour en être absorbé, assez confusément pour que ce vague, ce mélange de lumière et d'ombre, ces alternatives d'aspirations et d'impuissance devinssent peu à peu son idéal et son supplice. Cette poursuite où il y a eu plus d'élan que d'effort, et plus d'effort que de force, ces facultés exquises, mais incomplètes et rendues presque stériles par le sentiment même de cette différence entre leur propre imperfection et la beauté de leur rêve, ce devait être là sa vie toute entière, le principe de ses intimes souffrances, sa faiblesse et son charme, le secret de sa mort prématurée.

Il y a bientôt quinze ans de cela, et il me semble que c'était hier, tant ce souvenir est resté gravé en mon âme. Depuis, je le connus intimement et, je puis le dire, c'était, dans toute la force du mot, une belle et riche nature, dont le trait distinctif a été la recherche de la beauté morale absolue ! Les quelques pages que je publie le prouveront suffisamment et pourront peut-être en donner le goût à une âme. Elles seraient alors comme une suite de sa prédication outre-tombe.

Un mot, en terminant, sur l'opportunité d'une telle publication.

On trouvera peut-être le moment mal choisi, l'heure présente trop pleine de graves préoccupations et peu favorable à de telles lectures.

Il me semble au contraire que par ces temps de naturalisme effréné, de bouleversement moral et physique, il n'est pas trop aventureux de faire entendre quelques accents émus et pieux, des paroles pleines d'idéal, des mots traducteurs modestes, mais fidèles, des plus nobles aspirations de l'âme humaine.

Est-il trop aventureux de remplir quelque pages dictées par les sentiments qui, durant 18 siècles, ont fait les âmes viriles et fortes ?

Est-il trop aventureux de s'élever un peu, de temps en temps, au-dessus de toutes les laideurs et de contempler les deux côtés de ce monde auquel nous appartenons ?

Est-il trop aventureux, comme le disait naguère un sympathique écrivain, de vouloir imiter l'aigle qui rase de son aile le sommet des monts et qui peut, d'un même coup d'œil, en mesurer les deux versants : le versant plein de soleil et le versant plein d'ombre ?

Je ne le crois pas. Et c'est fort de cette conviction que je présente ces impressions au public religieux.

L'ABBÉ X...

LE CARNET

DE

L'ABBÉ VIDAL

SÉMINAIRE

PORTRAIT DU MAÎTRE

Janvier 1869.

Non, je suis trop audacieux : comment dépeindre Jésus, moi qui ne l'aperçois qu'à travers le voile obscurci des traditions ? Mon Jésus, pardonnez-moi. Nous regretterons éternellement que le pinceau enflammé de quelque chérubin n'ait dessiné la face adorable de Jésus-Christ aux jours de sa vie mortelle. Comment ferons-nous dans les

ténèbres d'une époque où la foi meurt,
fils d'un siècle orgueilleux qui passe en
riant devant la croix, pour graver cette
ineffable figure ? Trouverons-nous au milieu de tout ce concert de blasphèmes,
de cette boue tumultueuse des vices et de
l'incrédulité, assez de calme, assez de
lumière pour tenter un pareil tableau ?

Le Maître était de haute taille et toute
la beauté physique du premier homme se
retrouvait dans le nouvel Adam. Il
n'avait point la démarche pompeuse des
hiérophantes de la Grèce ni la solennelle
bonhomie d'Apolonius de Thyanes ; sa
dignité n'avait pas besoin d'emphase ; il
était beau dans toutes les circonstances,
à toutes les heures. Un profil ravissant
trouvé dans les catacombes de Rome et
remontant aux premiers siècles nous ré-
vèle, par ses naïfs et sublimes contours,
quelque chose de son adorable figure. Des
cheveux relevés sans art ombragent ses

tempes et voilent ses oreilles, laissant
tomber leurs boucles naturelles sur ses
épaules ; son œil est rempli d'une douce
mélancolie : il y a dans son regard toutes les tristesses de la famille humaine,
et cet ennui accablant qui nous dévore, et
ces craintes sans relâche qui troublent
nos esprits, et ces regrets amers qui nous
reportent sans cesse vers les choses qui
ne sont plus. Les lignes de ce profil sont
incontestablement fort belles, et la sculp-
ture des grands maîtres n'a pas taillé
dans le marbre un visage humain dont
les traits fussent accusés avec tant de
finesse et de grandeur. Cette bouche un
peu entr'ouverte et qui, ne souriant point,
manifeste toutefois des amabilités indi-
cibles, ce nez d'une rectitude et d'une
pureté de dessin qui ravit, ce menton
encadré d'une barbe blonde courte et
d'un fort bel effet, en un mot, tout cela
est divin. Il faut dire que les timides

ouvriers qui burinaient dans leurs sou-
terraines basiliques, sous l'échafaud des
martyrs, leurs frères, à la veille de con-
fesser le nom de Jésus, la face bien-
aimée de leur Dieu, savaient par cœur
tous les merveilleux détails, les mille
nuances de cette grandiose figure. Que
de fois, dans leurs contemplations suaves,
dans l'extase de leur amour, ils avaient
entrevu le Maître ! Aussi, malgré les ombres de leurs obscurs tabernacles, l'inca-
pacité naturelle de chacun d'eux, la foi
avait transfiguré en artistes les disciples poursuivis du Nazaréen, et la pos-
térité pénétrant dans les humides ca-
veaux où s'ensevelit pieusement leur existence, ne sait qu'admirer le plus des
œuvres qu'ils produisirent et de leur dévouement sacré à la religion du Christ.

Tel était le maître, et les traditions et
les monuments qui nous transmirent son
ineffable portrait, bien qu'ils n'aient pas

l'autorité de l'Évangile, réclament néanmoins un certain respect.

D'ailleurs, après une simple lecture du Nouveau-Testament, notre âme reçoit une impression pareille et se fait du Sauveur une image analogue. Sa conversation est grave et douce : s'il discute avec Nicodème, il ne dédaigne point d'éclairer l'ignorance grossière des douze pêcheurs et descend jusqu'aux plus petits, jusqu'à presser sur son cœur les enfants. Une seule fois il s'irrite : les marchands et le trafic ont envahi la maison de son Père, et lui, l'adorateur suprême de l'Éternel, ne peut souffrir le scandale ; mais à côté de ce juste courroux, contemplez-le pardonnant à Madeleine et à la femme adultère, racontant, les larmes aux yeux, l'histoire du prodigue, pleurant sur Lazare qu'il aimait ; enfin, suivez-le pieusement, et agenouillés devant lui, baisant ses pieds fatigués du chemin, assistez,

malgré les 18 siècles qui vous en sépa-
rent, à ce dialogue de Jésus avec la Sa-
maritaine, à cette révélation première de
l'amoureuse soif qu'il a des âmes ! Mais
cet amour divin, dans la poursuite qu'il
faisait à chaque instant des âmes, avait
mis aux pieds de Jésus Marie de
Magdala.

Magdala est aujourd'hui un amas de
décombres où la tradition désigne encore
le château de la pécheresse. Là, trompée
par des promesses et des affections dou-
teuses, Madeleine avait coulé, parmi des
plaisirs honteux, les plus belles années
de sa vie. Sans doute, cette jeune femme
était belle, du côté du cœur surtout ; elle
possédait d'irrésistibles appâts, mais le
monde, par des séductions précoces, avait
détourné du Seigneur cette grande âme,
et désireuse d'une félicité incomprise,
elle mendiait çà et là quelques amours
inconstantes. Or, ces natures exception-

nelles sont condamnées à d'amères dé-
ceptions, à la poursuite d'un fantôme ravissant et toujours fugitif, et quand un
jour, éveillées sur leurs couches de roses,
elles aperçoivent le néant et le vide où
les plonge la volupté, qu'arrive-t-il ? On
ne le sait que trop.

Février.

Oh ! comme la vie est un portement
de croix ! Quel mortel n'a pas à se traîner
sous la flagellation de la calomnie et à
souffrir des pierres du Golgotha ? Heureux quand les pierres ne déchirent que
le corps et quand les vêtements sacrés de
l'âme ne sont point la capture des bour-
reaux !

Oui ! la vie est un calvaire, et quicon-
que ne la voit pas ainsi se trompe ; la
musique instantanée, les promesses bril-
lantes du monde, ce je ne sais quoi de
séducteur qu'il jette sous nos yeux, ne

peuvent distraire et faire oublier que pour un instant les tortures de l'existence : c'est pitoyable à voir que ce sourire du monde ; ces gens qui paraissent heureux ici-bas m'attristent et ressemblent à un forçat qui fredonne en traînant son boulet.

Nos souvenirs s'effacent très rapidement : c'est de la poussière jetée sur un miroir ; une main l'ôte facilement, et pour nous c'est la main de l'inexorable temps.

La mélancolie devient sublime quand elle se continue ; cet état de châtiment, quand il devient nature, s'enracine si profondément en nous, qu'il forme comme un autre homme qui ne considère que sa tristesse pour se plaindre et la douleur d'autrui pour la déplorer. L'amitié devient alors indispensable, et ordinairement elle en est la cause. L'homme alors devient pèlerin, et quand l'amertume cesse, il s'élève dans les hauteurs de sa céleste patrie.

Sur ces paroles de saint Paul : *Cum liber essem ex omnibus, omnium me servum feci.*

Le prêtre, comme l'apôtre, peut le dire :

J'étais libre du côté de la famille. J'ai tout quitté pour des personnes qui m'étaient inconnues et souvent hostiles !

J'étais libre du côté de l'âme, et j'ai attaché mon âme au salut d'une foule d'autres.

J'étais libre du côté de la fortune, et je me suis réduit à un budget modique, au salaire d'un employé gouvernemental.

Du côté de l'esprit, et j'ai lié mon esprit à la croix, me persuadant que toutes les tendances de mon intelligence ne devaient être que pour cette divine folie !...

Douleurs et discussions, telle est, en résumé, la double voie que suivit l'Église pendant les cinq premiers siècles de son histoire. On lui demanda des preuves de la divinité de son maître. Elle répondit

éloquemment par ses docteurs et signa
chacune de leurs pages inspirées du sang
de ses martyrs. De telles démonstrations
généralement demeurent victorieuses, et
quelques siècles après Constantin, l'uni-
vers fut trouvé un jour assis sur les os-
sements de quelques obscurs suppliciés,
et lisant l'Évangile.

Oh ! que cette période de votre histoire,
Église, ma mère, est sublime ! Comme
on oublie dans cette lecture les vaines
occupations de notre siècle, ses rêves
grossiers, son indifférence niaise, sa haine
pour la croix ! On souhaiterait de vivre
en ces jours de christianisme ardent ; on
se détache avec peine du livre et le cri
final qui vous échappe est celui-ci : Pourquoi les catacombes se sont-elles fermées
si tôt et les Césars sont-ils de si bonne
heure descendus dans la tombe ?

1er mars.

Forte émotion en voyant une gravure où sont représentés quelques prisonniers au visage amaigri. L'un d'eux, les mains liées, leur montre du regard le ciel. Tous contemplent avec lui ce pôle des immortelles espérances ; au-dessous, il y a ces mots : « Les Pères de l'Eglise. »

Mon Dieu ! enchaînez-moi ! Je ne veux être père qu'à ce prix ! Souffrir pour les âmes et les convaincre à force de douleurs !

Defecére in vanitate dies illorum.

Quand je songe à tout le néant des choses que l'on aime et l'on poursuit dans le siècle, lorsque je les place à côté des fins dernières, oh ! que je vous remercie, ô mon Dieu, de m'avoir appelé à vous !

C'est vrai : la vie sacerdotale est un perpétuel chemin de la croix. Le monde condamne le prêtre, le charge de malédictions, et, d'une manière ou d'autre, essaie de le faire choir en décriant son ministère. Il lui oppose toujours la nature dont il doit suivre, à son sens, les inspirations, la nature qui est sa mère ; il le place à côté des employés de l'État, lui donne pour compagnon, sur la route désolée de son ministère, quelque juge corrompu, quelque instituteur ridicule qui fanatise la foule. Une âme s'offre à lui qui pourrait le consoler. Ah ! comme on lui arrache bientôt cette consolation ! Qu'il marche seul, qu'il se traîne, qu'il pleure ! Enfin, on lui ravit ses vêtements, on explique ses vertus, on dénature ses intentions ! Que te reste-t-il encore à souffrir, ô Prêtre ! Il ne te manque plus que la croix ! On te la prépare, que ce soit en attaquant ta réputation d'une manière infâme, en te clouant les mains, ou bien attachant tes pieds, en neutralisant ton ministère. Enfin, on te réserve une dernière ironie : on te donne quelque injurieux sobriquet, on l'affiche au dossier de ton lit de douleurs ; et les passants, et les sages, et les libertins qui te voient ainsi conspué, ne disent pas même, en hochant la tête : le *blasphémateur*, mais simplement : l'*imbécile !...*

Marcher à la suite de Jésus couronné d'épines, quel plus beau sort !

Mais, hélas ! les consolations humaines nous détournent du Calvaire, et soit que nous nous aimions trop nous-même, soit que nous aimions trop les autres pour nous, pour l'ordinaire, nous vivons à notre gré et sans prendre garde à la croix.

1ᵉʳ avril.

Epitaphium. De his sacræ scriptura verbis.
« Exitus matutini, vesperé delectabis. »

Mourir, c'est-à-dire fermer les yeux à
toutes les magnificences de la nature,
demeurer insensible sous un sol perpé-
tuellement ébranlé, ne plus rien entendre
des harmonies terrestres, de ces ineffables
cantiques, de ces mélodieux concerts qui
s'échappent de tous les pores de la créa-
tion, du calice des fleurs, du cristal des
fontaines, des oiseaux, gracieux habitants
des bois. Se trouver tout-à-coup hôte
immobile de quatre planches, dans de
perpétuelles ténèbres, pâle et plus froid
que le marbre qui pèse sur ses os ! Mon
Dieu ! que la mort est affreuse !

Et pourtant, puisque Jésus a passé
par vos mains, anges de la mort, puis-

qu'un jour vous avez clos ses paupières divines, je ne puis vous maudire ! Vous fûtes sanctifiée au contact de la croix !

Et cependant, nul ici-bas ne peut vous aimer, conclusion de la vie ! Conclusion implacable que notre nature ne veut admettre, conclusion de toutes ces larmes, de tous ces labeurs, de ces contradictions poignantes qu'on trouve au fond de toute existence humaine. Et encore lorsqu'elle arrive au terme de la carrière, lorsqu'elle pose sur les cheveux blancs du vieillard son doigt glacé, la mort peut être facilement comprise ; mais quand elle vient, soudain, inexorable, au milieu des enivrements de la jeunesse, notre esprit se révolte et, pour le conduire, il faut lui montrer le ciel et lui parler avec l'apôtre de l'immortelle Jérusalem.

Exitus matutini. — Combien partent de grand matin, après les joies de l'enfance, voyageurs pressés que le trépas nous arrache, la tête encore parée de roses qui ne devaient point se flétrir ! Qui ne les a vus dans leur cercueil et qui n'a pleuré sur des tombes trop tôt ouvertes ? Que de fois ils m'apparaissent dans mes insomnies ! Le soir, tandis que je plonge mon regard rêveur dans ce coin de la plaine où ils dorment, ah ! je les vois, je les vois encore. Malgré ses rudes étreintes, la mort n'a pu effacer de leur pâle visage ce sourire inachevé que formèrent le dernier baiser maternel et la première apparition de l'éternelle patrie. On dirait que quelque chose des splendeurs d'en haut rayonne sur leur front de marbre, et n'était la froideur du cadavre, on attendrait la fin de la vision enchanteresse qui les fascine et les tient de la sorte dans une extatique immobilité.

Maurice (1) nous apparut ainsi, lorsqu'un jour nous amenions à Saint-Pierre sa dépouille terrestre. A travers nos larmes, nous le contemplions dans cet étrange sommeil du trépas : ce front rêveur, cette bouche entr'ouverte, nous firent tristement songer à la puissance épouvantable que le péché communiqua à la mort, à l'heure où elle naquit d'une prévarication dans le jardin des délices. Et toutefois, mon Dieu, c'était un ange qu'on allait descendre dans la tombe ; sur cette tombe à peine fermée une main devait écrire : *Beati immaculati in vià*.

Exitus matutini... Lui aussi est parti de bon matin, l'aimable et pieux lévite dont tous ici pleurent la perte. Cette mystérieuse union du sous-diaconat, il l'a contractée avec l'Eglise triomphante !

(1) Maurice Arnal, mort à quinze ans, élève du Collége Catholique.

Repose donc en paix, notre doux frère, dans ton cercueil virginal, parmi les fleurs dont on para ta tête et qui ornent ton sépulcre. Après les tristesses de la matinée, le soir venu, il t'a été donné de prendre part à cette joie sans fin de la cité permanente : *vespere delectabis.*

1ᵉʳ mai.

Je vous consacre, ô Vierge, ma mère, ce mois tout entier, vous conjurant de me regarder d'un œil favorable et de me protéger à l'ombre de vos ailes d'ici au grand jour du sacerdoce !

13 mai.

Aujourd'hui, à 11 h. 1/2, profession dans ma chambre entre les mains du P. Prieur. Me voilà définitivement de la famille dominicaine.

PRÊTRISE

—

8 août 1870.

PREMIÈRE COMMUNION. — Grand jour !
On ne l'apprécie que plus tard. Bien des
soleils ont disparu de l'horizon lorsqu'on
en comprend toute la félicité.

Ces jeunes cœurs vous ont reçu, ô
Maître ! Hier, elles se sont approchées
de votre table, la couronne en tête,
enveloppées dans de longs voiles, avec
un air angélique. Ah ! les beaux temples ! les merveilleux tabernacles ! J'ai
pleuré d'admiration et je vous ai sup-
plié de les conserver ferventes comme
elles l'étaient à cette heure.

Ah ! je tremble pour elles !

Que d'ennemis sur leur passage ! Que de scandales ! que d'épines sur la route de leur persévérance ! Puis ce que je vois en arrière ne me rassure pas ! Combien, comme elles, profèrent à haute voix les serments qu'elles ont jurés, et pourtant, mon Dieu ! que de transfuges ! Combien de cœurs ont déserté votre foi ! Victimes que je rencontre et qui me font verser des larmes ! Autels profanés, tabernacles détruits, lys brisés, calice dont Balthazar a fait usage pour ses orgies !

Seigneur, vous qu'elles aiment encore, qui laissâtes dans leur conscience un parfum qui ne s'est pas évanoui, conservez ces âmes ! Que, les yeux au ciel, elles traversent joyeuses le vallon désolé de la vie ! Oh ! ces âmes, je mourrais pour elles ! Pour vous les amener et pour les enchaîner à vos pieds, je n'ai jamais différé ni calculé les sacrifices !

Hier au soir, au déclin du jour, trois d'entre elles sont venues m'offrir des remerciements dont je n'étais pas digne… Des remerciements… Et qu'ai-je fait ? J'ai fait luire au miroir étincelant de leur intelligence la lumière de vos vérités saintes ; j'ai entretenu peut-être en leur cœur le feu sacré de votre amour : mais quelle récompense en leur piété !… Remerciements ! oh ! non. Hier, j'étais aussi heureux qu'elles…

IDÉES

20 janvier 1871.

Encore une triste année, 71. Ce sera l'octave de nos grandes infortunes, le lendemain que Dieu nous accordera pour pleurer nos humiliations et nos désastres !

Oh ! tout ce qui a eu lieu, n'est-ce pas un mauvais rêve ?

Notre armée, après quelques combats, anéantie et prisonnière.

L'ennemi franchissant nos frontières, ravageant nos provinces, maître peu à peu du tiers de la France, étreignant Paris sous un réseau de fer et de feu.

Rêve sanglant ! songe qui fait monter au front de subites rougeurs !

Dévastations, incendies, calamités de toute espèce. Oh ! qui me donnera de fuir dans une solitude, et là, caché, de pleurer avec le solitaire de Bethléem sur la prise et les infortunes de Rome ! ô Patrie !

J'ai voulu, pour me distraire de ce malheur, entreprendre quelque étude entraînante. Salvien, que je voulais étudier, m'a plongé dans une mélancolie si profonde que je renonce à poursuivre sa lecture... Il nous raconte par avance nos folies et nos châtiments.

Puis, je m'arrête aujourd'hui à un projet plus vaste, trop vaste peut-être : néanmoins, j'essaierai. D'ailleurs, mon travail est à moitié fait ; sauf quelques jugements personnels, je trouverai tout le reste dans les travaux historiques contemporains.

Enfin je m'arrache à mon époque... C'est beaucoup ; c'est un suicide très-heureux et très-permis (1).

> Lundi, 11 septembre 1871.

Victorine T..., 24 ans.

Sur ces paroles que nous lisons à l'introït de la messe de ce jour : *adducentur regi virgines*.

Oui, toujours pleurer ! Pleurer sur les consciences perdues qui ne reviennent point, pleurer sur les jeunes âmes qui nous quittent, dès le matin, belles, pures, consolation de notre exil, fleurs cueillies

---

(1) Ce travail inachevé porte ce titre : CHRISTIANISME ET CÉSARS, *Histoire de la Civilisation chrétienne*. AUGUSTE ET CONSTANTIN.

par le ciel à l'aube de leur vie, à cette douce aurore de la jeunesse.

Encore une vierge que Dieu nous prend. Victorine est la seconde congréganiste que nous accompagnons au cimetière en cette funèbre année de 1871... Le Seigneur veut des anges.

Notre enfant (oh ! puisse cette parole retentir dans sa tombe et dans son éternité pour mon bonheur !), notre enfant était de ces natures timides qui préfèrent l'ombre et, fuyant l'éclat des grandes actions, vont à Jésus à travers les tumultueux sentiers de l'exil, toutes couvertes de ce grand voile de l'humilité chrétienne. Mon Dieu ! que de telles âmes sont rares ! A l'heure actuelle une vertu silencieuse est comptée pour rien : on est incrédule aux dévouements intimes ! on ne croit pas aux beautés intérieures ! Et pourtant celle dont j'écris était ravissante de la sorte : *ab intûs*. Elle ne connaissait pas les foules, redoutant les fêtes bruyantes ; elle ne savait que ces deux routes bénies, du toit domestique et de l'Église. L'Église et ses fêtes avaient ses préférences. Vous l'eussiez vue fréquemment à la table sainte recevoir le pain des anges, ou bien, le soir, à l'heure où descendent les ombres, cachée derrière un pilier, entretenant avec son bien-aimé du tabernacle ce doux et solennel commerce de l'adoration.

Et maintenant, *date lilia !* Vous pouvez, ô compagnes de mon enfant ! couvrir de lys et de blanches couronnes le cercueil où elle repose, couronne pour les combats de sa chaste jeunesse, lys pour la virginité, dont elle pratiquait à merveille les saints devoirs !

La mort la surprit, surprenant du même coup, et la science qui ne vit point venir l'ange du trépas, et la jeune fille, qui ne croyait pas elle-même à une fin si prompte. Cependant, à 9 heures du soir, le médecin vit, au progrès de la maladie, toute la gravité de la situation : il en avertit la jeune malade. Immédiatement elle réclama le prêtre qui guidait sa conscience. Il était trop tard. D'une main tremblante d'émotion, incrédule à cette mort qui semblait avoir effleuré à peine son visage, nous lui fermions les yeux !

Et maintenant, ô Jésus ! donnez-lui le repos. Ici-bas, ô Maître, elle n'a point voulu goûter des faux plaisirs de Babylone. Elle vous a réservé un cœur pur de tout sentiment profane : *requiem dona ei*. Oui, reposez dans la paix du Seigneur, jusqu'à l'heure des réunions suprêmes !

Marie à 22 ans, Victorine à 24 ans !

Mon Dieu, si vous nous prenez les anges de la terre, que devenons-nous !

(De ma cellule à la Sainte-Baume.)

SAINT-THÉODORE

8 janvier 1874.

Je commence à comprendre la vie et
à me rendre compte de tout ce qu'il y a
de tristesse et d'amertume dans ce mouvement que l'on se donne pour être heureux et qui n'aboutit presque jamais à
ce résultat.

Je commence à comprendre autre
chose, c'est la triste situation du prêtre
en face de la plupart des âmes : le prêtre
n'est ni compris par elles, ni soutenu par
elles ; au lieu de lui rendre estime pour
estime, elles prennent plaisir à dénaturer
ses intentions et à entraver son ministère ; le ministère devient par là même

une source d'amertume et d'inquiétude.

A la volonté de Dieu.

9 janvier 1871.

Dans la congrégation il y a de sérieux éléments pour la piété. J'y rencontre des âmes bien généreuses pour Dieu, ce qui nourrit mon espoir de faire de cette œuvre une œuvre de salut et non simplement une association de parade.

Cette réunion du deuxième vendredi du mois est suivie ; il y a des communions ; j'ose espérer que placée sous le vocable du cœur de Jesus, notre association ne peut manquer de prospérer ; mais le cœur de Jésus est un beau titre et un titre écrasant à porter : il faut se montrer digne d'un tel patronage et le travail de a congrégation doit être dirigé vers ce but.

10 janvier 1874.

Je souffre moins de la poitrine... C'est

déjà une consolation. Rien ne m'afflige plus que cette pensée d'un repos absolu : je me sens trop fait pour le travail.

Ce ne sont point les projets d'étude qui me font défaut : j'entreprends à cette heure un travail sur la conversion de Mme de la Vallière, et qui me met en rapport direct avec le grand siècle.

19 mai 1874.

A propos de sainte Pudentienne.

On n'a pas assez observé le rôle odieux de la littérature, et surtout de la philosophie païenne, à l'époque des persécutions. Quelle insigne mauvaise foi chez tous ces sophistes et ces néo-platoniciens ! Comme ils surexcitaient l'opinion contre les disciples du Christ et prenaient leur part à ce long assassinat de l'Église ! Ah ! c'est surtout à cette sanglante période que s'applique le mot de Pascal : « Bel état pour l'Église de n'être soutenue que de Dieu ! » car, alors, il ne restait vraiment plus à l'Église que son Dieu ! Le martyre décimait ses enfants, l'hérésie morcelait son *Credo*, et tandis que dans les amphithéâtres les vierges et les vieillards étaient livrés aux bêtes, au-dehors la philosophie battait des mains et disait : c'est bien !

20 mai 1874.

Ce qui fait que la société marche sûrement vers un cataclysme, c'est son retour aux mœurs païennes.

Le paganisme actuellement nous domine ; c'est pourquoi les notions du dévouement, de la virginité et du zèle ne sont ni comprises ni admises : jouir, toujours jouir et au détriment des autres. Voilà la philosophie du jour !

Faut-il donc redouter pour l'Eglise la crise imminente, si elle doit purifier ses enfants et les resserrer autour d'elle ? Il faut absolument que Dieu, après nous avoir abandonné à nos expériences orgueilleuses, se montre et construise sur les épaves de ce grand futur naufrage un nouveau monde. Le tout est que l'épreuve nous laisse sans tache et ne soit pour nous que l'occasion d'un agréable martyre...

21 mai.

Nos plus belles poésies ne sont rien en comparaison de ces prières embrasées, de ces élans d'amour qui s'échappent du cœur des saints.

Voilà pourquoi il sera éternellement vrai que les cœurs vierges ont seuls le droit de chanter les plus beaux cantiques ! *Nemo poterat dicere canticum.* La poésie est une fille du ciel, ou plutôt une fleur du ciel ; pour qu'elle puisse éclore ici-bas, il faut qu'elle y retrouve quelque part le ciel, et ce ciel c'est le cœur sans tache.

O vierges, votre part est bien belle !...

22 mai.

Je suis de plus en plus convaincu que tant que nous ne reviendrons pas sérieusement à Jésus-Christ, rien ne sera fait.

Ce point d'appui manquant au monde, le monde chancelle et on tâche de le soutenir avec un code ; niaiserie.

Les lois viennent de Dieu ; or, quand Dieu est absent, la loi n'est qu'une convention dont chaque partie peut se défaire quand il voudra. Que les chaleurs soient plus fortes, ou qu'une montagne s'élève, et voilà une modification au code. Puis, l'habileté des interprêtes fait jaillir du texte un commentaire qui peut répugner à la conscience ; mais qu'est-ce que la conscience, quand il n'y a plus de Dieu ?

23 mai.

J'achève aujourd'hui ma huitaine de repos à la campagne. J'ai hâte de retourner au travail. Je suis comme le papillon qui tourne sans cesse autour de la flamme qui doit le dévorer.

Oh ! mon Dieu, ne vous dois-je pas ma vie ? Si vous avez résolu en me frappant de me retirer de ce monde, dont les scandales m'affligent, permettez-moi , du moins, de mourir sur la brêche et de ne vouloir que du repos du ciel.

Je sais bien que mon apostolat n'est, après tout, que celui d'un bien indigne prêtre, mais encore laissez-moi travailler !

Pentecôte, 24 mai.

Et emitte cœlitus lucis tuœ radium !...

Un rayon d'intelligence, un rayon de piété!

Un rayon d'intelligence : ô Saint-Esprit, faites que je voie ! que je voie bien l'état des âmes pour les diriger, comme un pilote expérimenté, dans le chemin des vertus !

Faites que je sente le goût de Dieu et des choses divines, ce goût qui donne à notre existence un tout autre aspect et qui, nous révélant le ciel, nous permet de ne plus sentir la terre.

25 mai.

Notre-Seigneur a envoyé son Esprit à ses apôtres, afin qu'ils rendissent témoignage à son Evangile. Oh! mon Jésus, je veux être témoin, moi aussi : renouvelez donc mon cœur pour qu'il soit prêt à tous les sacrifices pour ce grand témoignage.

Témoignage de la vérité par la parole.

Et pourtant, mon Dieu, si vous vouliez...

Témoignage par le sang !...

Est-il bien vrai que les persécutions aient cessé? Et demain, ô mon Jésus! ne faudra-t-il pas descendre dans l'amphithéâtre ?

. . . .

9 septembre 1874.

Je suis parti par le train de huit heures pour Aubagne et, de là, une voiture
m'a transporté à Favery, chez la famille
de B... J'ai trouvé là ce qu'on ne rencontre guère ailleurs, des traditions de foi et
d'honneur antique, et cette hospitalité
gracieuse qui vous met à l'aise et trans-
forme en une sorte de parents ceux qui
vous reçoivent.

Le coup-d'œil est d'ailleurs admirable,
et de la terrasse du château on aperçoit
la vallée où serpente l'Huveaune. A droite,
au loin, Gémenos; en face, Saint-Pierre;
là-bas, dans un enfoncement, Roquevaire... Roquevaire ! Puis, à gauche, un
peu derrière soi, Lascours, abrité derrière
un mamelon. De la fenêtre de ma chambre, j'aperçois Garlaban et respire l'odeur
des pins que la brise m'apporte.

Que de souvenirs dans cette vallée !

Mon Dieu ! qu'ai-je fait durant ces cinq années de sacerdoce ? Où sont les âmes que j'ai sauvées, où sont mes travaux ?

10 septembre.

Le vent souffle avec violence : les grands arbres de la forêt gémissent...

J'ai appris ce matin la mort de H..., pauvre petite enfant qui a succombé par suite des brûlures qu'elle reçut sur la scène du pensionnat. Dieu lui a donné un rôle définitif en jouant celui d'un ange ; elle a succombé aujourd'hui, elle est au ciel... Petite enfant joyeuse, tu n'as plus à redouter les lumières et les clartés qui incendient.

Que j'aimais à la voir ! Sa chevelure blonde,
Et sa blanche tunique, et ses ailes d'azur.
C'était vraiment un ange, et son front jeune et pur
Ne portait pas encor les stigmates du monde.
Ange que Dieu ravit à sa poursuite immonde,
Le rappelant à lui par un chemin bien dur,
Par celui de la croix ; mais c'est un chemin sûr !

. . . .

11 septembre.

Toujours le même calme et la même édification. Cet air m'est bien favorable.

12 septembre.

Départ. Dieu puisse récompenser ceux qui l'aiment et qui ont conservé ces traditions de sainte hospitalité !...

13 septembre.

Arrivée à la Ciotat. Je pars ce soir pour la campagne. *O rus !* Ne plus rien entendre de ce bruit des grandes villes, ne savoir que par des échos attardés ce qui se fait dans le monde, n'est-ce pas un suprême bonheur ? Mais ce bonheur, comme tous les bonheurs humains, sera de courte durée, car il faut songer aux âmes !...

15 septembre.

Je vous remercie, ô mon Dieu ! de tou-

C'est la bonté de Dieu qui se manifeste incessamment dans les relations de la Providence avec l'homme. Nous ne connaissons, par contraire, la divine justice que par des faits isolés et fort rares, par ces coups de tonnerre qui de temps à autre déracinent les cèdres du pouvoir ou de l'intelligence et font prononcer au fataliste plus fortement que jamais son mot de : hasard.

Cette conduite générale du Seigneur envers la famille humaine nous porte à redire avec Bossuet le mot de l'Evangile : « Dieu a tant aimé le monde ! »

Mais, par contraire, le monde a-t-il un peu aimé Dieu ?

N.-D. des Sept-Douleurs, 20 septembre.

Le christianisme qui est venu réhabiliter toutes les vocations humaines, en anoblissant le rôle de la mère, l'a rendu par-

fois douloureux et d'une profonde amertume.

La mère est devenue la gardienne de
l'âme de ses fils : de là, très-souvent,
elle a dû se tenir au pied de la croix.

Le monde lui a pris ses jeunes cœurs :
elle a deviné que leur vertu avait fait naufrage, elle les a poursuivis, comme Moni-
que poursuivait son Augustin, et quand
elle est parvenue à les atteindre, qu'elle
les a remportés méconnaissables sous les
haillons du vice, qui pourra dire le martyre de ces femmes chrétiennes ?

Voilà pourquoi Dieu, en donnant une
si cruelle place à Marie dans la passion
de Jésus, a voulu offrir aux mères éprouvées dans la personne de leurs fils prodi-
gues un admirable modèle et un sujet de
consolation.

22 septembre.

Bonne fête, Maurice! (Un ami de collége mort à 15 ans). Ton souvenir est

toujours là, doux ami, compagnon de mes jeunes années. Rien n'a pu effacer dans mon cœur ta douce mémoire, et il me semble qu'hier seulement tu nous a quittés.

Je t'aimais comme on aime un frère, j'aimais surtout ta grande âme, et aujourd'hui que la mort t'a ravi tes charmes et ta beauté extérieure, c'est elle qui me reste et avec qui je converse toujours.

O notre ange, suave enfant de chœur du temple de l'exil, dis, comme dans la patrie, dans les tabernacles de Sion, les fêtes sont belles !

23 septembre.

Temps couvert, mélancolie profonde !

Alors tous les souvenirs qui peuvent attrister mon âme reviennent en foule assiéger mon esprit. C'est l'heure de ces terribles fantômes qui m'ont déjà tant fait souffrir. N'est-ce pas aujourd'hui le

cas de transcrire et d'achever ici les stan-
ces à M...? J'y retrouverai mes premiers
ennuis du ministère!...

Je ne reviens point sur l'histoire de
M... Elle se trouve toute entière dans les
mémoires sur mes quatre premières années d'apostolat et que j'ai intitulés :
A la poursuite d'une âme!... (1).

24 septembre.

Ce matin, de nombreuses hirondelles
étaient suspendues aux fils télégraphiques
où elles semblaient en quelque sorte avoir
fixé leur rendez-vous pour le départ. Je
ne puis voir ces pauvres oiseaux sans
songer aux âmes qui, elles aussi, après
avoir passé leur hiver sur la terre, rega-
gnent le ciel, après s'être donné rendez-
vous dans l'église de Dieu : *Sicut pullus
hirundinis sic clamabo*, dit le prophète,

(1) Ces pages sont perdues.

et ce cri du petit de l'hirondelle est celui de tous les grands cœurs : *Quando veniam ?* Quand sonnera-t-elle donc l'heure du départ ?

25 septembre.

A un lévite! Dieu vous garde, cher enfant, de cette contagion du siècle, et il vous réclame dans son sanctuaire. Déjà, d'une certaine façon, il vous a rapproché de ses tabernacles; les anges vous portent envie lorsqu'ils vous contemplent à l'ombre de l'autel préludant à vos fonctions sacrées de l'avenir par votre office d'enfant de chœur. Oh ! soyez-en fier, mon ami, et ne laissez point la routine transformer en cérémonies d'habitude ces saintes fonctions.

Ce que je vous demande encore, c'est le courage. Beaucoup s'arrêtent au seuil du temple, épouvantés des sacrifices à faire. Ne soyez point de ceux-là... Dieu vous donnera les forces nécessaires, et si votre vertu lui répond de votre cœur, il saura vous faciliter le chemin et renverser tous les obstacles.

29 septembre.

Saint Michel est l'archange protecteur de la France. La foi de nos pères l'avait choisi parmi tous les autres esprits bien-heureux, et lui avait confié notre gloire et notre prospérité nationales. En ce temps-là, où chacun avait les yeux au ciel, on était rassuré en apercevant au faîte de nos cathédrales et de nos abbayes l'image de l'archange mystérieux ; aujourd'hui c'est différent : tous les regards sont à terre et l'on ne se préoccupe plus guère que de l'or, des machines de guerre et du nombre des soldats. On a oublié que c'est Dieu qui donne la victoire.

30 septembre.

Saint Jérôme ! Le rude solitaire de

Bethléem. Il a éprouvé, un des premiers, la difficulté extrême que rencontre tout prêtre qui veut retirer des dangers du monde une âme chrétienne. Aussi, ses rapports de sainteté et de zèle avec la famille de Paula furent critiqués et tournés en mal par ces Romains de la décadence qui ne pouvaient encore se faire à l'idée d'une affection pure et basée sur les inspirations de la foi. On critiqua son austérité, on le transforma en une sorte de cynique chrétien qui venait troubler par ses prédications sévères les grandes familles romaines, et le grand converti dût redire en lui-même, comme saint Paul : *Foris pugnæ, intus timores.* Dieu se chargea de le justifier et de le consoler de toutes ces hideuses poursuites. Il donna à l'Eglise ces grandes et saintes figures du cinquième siècle qui purent la dédommager par leurs vertus des tracasseries de l'hérésie et de la tiédeur de ses enfants.

1er octobre.

J'ai passé la journée à Toulon. Je suis allé dire mon office au cimetière, dans ce même cimetière où M..., ayant tout perdu, parents, honneur, fortune, et repoussé de ceux d'entre les siens qui survivaient, avait passé la moitié de la nuit sur la tombe de sa mère, se demandant s'il fallait quitter la vie par un crime, ou supporter encore en expiation cette affreuse existence.

2 octobre.

Avec la grâce de Dieu, je veux, à mon retour, commencer une vie plus intérieure, une vie de travail, de prière et de sacrifices.

Qui me donnera de tout savoir sacrifier, goûts, opinions, plaisir, et de porter comme il faut ma croix sacerdotale.

Pour faire quelque bien il faut beaucoup

souffrir. Saint Paul compare le saint ministère à un enfantement. Il faut enfanter Jésus-Christ dans les âmes !

3 octobre.

Il faut que je m'occupe sérieusement de la direction des âmes et que je leur porte toutes les lumières qui peuvent surgir de la prière et de l'étude de la théologie.

Nous n'aimons pas assez les âmes ! Voilà pourquoi elles sont si faibles et souvent si mal conduites ! C'est affreux de voir quelle nourriture et quelles consolations on leur donne : puis, on se plaint du petit nombre des saintes âmes. Les vertus et la piété réclament un entretien continuel et, après Dieu, le prêtre seul peut y contribuer pour beaucoup.

4 octobre.

Je dois prêcher, cette année, si la santé me le permet, le panégyrique de sainte

Barbe. Depuis longtemps je l'ai promis à la grande martyre; j'aime fort ces panégyriques qui me mettent en contact avec la primitive Eglise. Bien que je n'aie d'autres liens de parenté avec ces grandes âmes que ceux de la foi et de la communion des saints, je m'approche d'elles avec une sainte familiarité: il y a dans leur seul nom comme un parfum de vertus et d'admirables sentiments qui vous rajeunit et fait naître en votre âme une foule de nouveaux désirs.

8 octobre.

Je n'ai pu partir ce matin, à cause du temps: à demain! Je m'en vais reprendre avec joie mes occupations du saint ministère, mes confessions, ma maîtrise, ma congrégation, tout ce que j'ai dû laisser pour prendre ce mois de repos!

Ah! si j'avais encore le zèle d'autrefois ! Que d'occasions et de moyens pour faire quelque bien aux âmes !...

16 octobre.

Il faut de temps à autre être attaché à la croix avec Jésus-Christ, surtout quand on est prêtre. La souffrance est alors une nécessité d'état. Il est impossible de se sauver sans cette couronne d'épines dont le prêtre par excellence a été couronné avant nous.

17 octobre.

Les souffrances continuent, les ennuis aussi ; la croix devient plus lourde encore. Merci, mon Dieu, merci de tout.

Quand j'étais jeune, j'allais où je voulais, je me ceignais de la ceinture de la joie ; le jour est venu où je dois porter une ceinture tout autre et passer par des

chemins qui répugnent beaucoup à ma
pauvre nature ! *Fiat !*

18 octobre.

A la congrégation, j'ai poursuivi mon
explication des Evangiles à cette parole :
« Voici la servante du Seigneur ! » O
mon Dieu ! combien durera encore le
temps des épreuves ? N'ai-je pas assez
souffert ?...

Immaculée Vierge de Lourdes, je vous
ai toujours aimée d'un amour filial et en-
thousiaste ; j'ai recherché toutes les occasions de parler de vous et de célébrer
votre gloire : n'aurez-vous pas pitié de
moi !

*(Congrégation de Saint-Théodore :
noms des congréganistes.)*

J'écris à la hâte ces noms et ces notes,
et je puis dire que je les écris sous de

bien sombres pressentiments. Quelque chose me dit que si je revois ces âmes qui me furent confiées, ce ne sera que pour leur faire mes adieux.

J'affirme que c'est là une des plus rudes épreuves que Dieu m'ait encore envoyées !

RÈGLEMENT DE VIE

A une vierge.

Le 21 janvier 1875.

Ne rechercher en toute chose que la gloire de Dieu, le bien du prochain et le salut de notre âme.

Le matin : lever à 6 h. 1/2, prière et vingt minutes de méditation. Ne jamais renoncer à ce dernier exercice, sous prétexte de froideur et de distraction ; en pareil cas, prier ou faire une lecture pendant le temps prescrit.

A 8 heures, sainte messe. Réciter, après la messe, une partie de l'office, en prévision des dérangements qui pourront survenir dans la matinée.

Occuper son temps d'une façon sérieuse, ne point perdre la pensée de Dieu pendant nos travaux, et ne point montrer de mécontentement quand les occupations ne sont pas de notre goût.

Trouver quelques minutes avant midi pour achever notre office.

Profiter de l'occasion qui nous est offerte parfois dans les repas de mortifier notre goût, sans que cela paraisse, en nous privant de ce qui peut sourire à notre gourmandise.

Eviter dans les conversations et les visites tout ce qui est manquement à la charité, nous empresser de faire valoir les bonnes qualités du prochain quand on signale ses défauts.

Eviter de parler de nous-même et de nous exposer aux flatteries du prochain en provoquant un éloge.

Nous garder de tout sourire d'approbation lorsque, dans une conversation, les choses de Dieu ou la vertu sont tournées en ridicule ; garder alors le silence, et si la prudence le conseille, reprendre ceux qui parlent mal.

Nous souvenir, dans les réunions mondaines, des dangers auxquels nous sommes exposés ; prier intérieurement Dieu et la sainte Vierge de garder notre cœur et notre fidélité.

Ne pas laisser s'achever la journée sans aller passer quelques instants à l'église et réciter dans cet intervalle le chapelet.

Se réserver quelques minutes dans la soirée pour lire un chapitre de l'*Imitation*, ou faire quelque autre lecture pieuse.

Enfin, mettre tout son soin à réciter exactement ses prières du soir, ainsi que celles du matin, et confier son repos de la nuit et sa journée à Notre Seigneur Jésus-Christ.

Ne point reculer au-delà de 9 h. 1/2, en temps ordinaire, l'heure du repos ; se faire un scrupule de se coucher à cette heure-là, lorsque rien ne s'y oppose.

Ce règlement pourrait être plus détaillé, mais il me semble que l'observation vous en serait très difficile. Soyez assurée qu'en mettant en pratique ces divers conseils, vous aurez devant Dieu un réel mérite.

Je n'ai que quelques avis à ajouter à ce règlement.

1. Vivez d'une vie de foi ; ne vous laissez pas absorber par les sollicitudes de ce monde qui passe, mais sachez discerner dans les ombres de ce pèlerinage la patrie qui nous est promise et le seul bonheur immuable.

2. Ne vous laissez point décourager par vos faiblesses ou les épreuves que Notre-Seigneur vous enverra. Souvenez-vous que parfois ces épreuves sont nécessaires pour abattre notre orgueil et

nous rapprocher de Dieu, et que nos faiblesses déplorées et éprouvées par nous
deviennent des avertissements salutaires.

3. Si, par malheur, votre âme offen-
sait Dieu gravement, ne vivez point
dans un tel état, mais hâtez-vous de ren-
trer dans l'amitié de Dieu par le sacre-
ment de pénitence.

4. Placez dans la sainte communion
toute votre joie et faites-en l'objet de vos
continuels désirs. Que la vue de vos né-
gligences ne vous en éloigne pas. Allez à
Jésus-Christ comme à un père que l'on
aime encore davantage après une indéli-
catesse, surtout quand on est certain que
tout a été pardonné et qu'on est attendu
par lui !

5. Enfin, prenez goût aux sacrifices et
sachez porter chrétiennement votre croix
de chaque jour. C'est une rude école que
celle de la souffrance, mais l'âme y fait
de grands progrès, et par la croix,

comme l'a dit un saint docteur, on parvient à la lumière.

Je vous souhaite cette lumière, qui est la lumière même de Dieu et qui vous permettra de suivre les inspirations de sa grâce en observant ce règlement, et qui, un jour, sera pour vous la lumière de la gloire.

Ainsi soit-il !

> De La Ciotat, où je me trouve depuis le 31 janvier en congé pour cause de fatigue. (Nouveau !)

Depuis mon arrivée, je ne vais guère mieux : l'ennui, par contraire, me dévore, et je ne sais comment se passeront ces deux mois.

Dire ce que j'ai souffert en quitant Marseille n'est pas chose possible ; il en est qui se font à ces idées de repos, de vie tranquille ; quant à moi, je n'en suis pas encore là, et l'heure de mes grandes

souffrances est justement celle que je de-
vrais passer dans les douceurs du loisir.

D'ailleurs, ce loisir est passablement
occupé par des croix, et bien que je serais
injuste en m'appelant le plus malheureux
des hommes, je crois avoir quelque
droit à me placer dans la catégorie de
ceux qui souffrent très-fort…, pas plus !

4 février 1875.

Je n'ai pas pu aller dire la messe ce
matin : le moindre trajet m'épuise et
j'arrive tout essoufflé. Force a été de demeurer à la maison.

Que ferai-je pendant ces deux mois ?
Par quels moyens m'arracher à tous les
ennuis qui font mon martyre et pro-
longent ma maladie ? M'en aller ? Où
irai-je ?

Oh ! priez pour moi, grandes et saintes
âmes qui, ignorant tout ce que je souffre,
me supposez des douleurs fort ordinaires :

ce calice est si amer !... et Dieu me le présente depuis si longtemps !

5 février.

Sainte Agathe. — Il faut faire l'apprentissage de la douleur comme on fait celui de tout métier difficile. Seulement il faut s'y prendre jeune et l'étudier sous toutes ses faces, et surtout s'exercer à demeurer debout dans cette grande lutte.

6 février.

A E... « Si vous n'avez pas encore compris la nécessité absolue de l'amour de Dieu, comme fondement de la vie chrétienne, j'avoue que vous possédez encore fort peu la science du salut.

« Comment aimer Dieu au milieu du tourbillon du monde ? Et surtout, lui prouver qu'on l'aime, alors que le cœur, blasé par toute cette comédie qui se joue

à ses portes, en vient même à douter de
l'amour !

« Il est certain que la grande difficulté consiste à rencontrer Dieu dans le
monde. Absolument, Dieu est partout,
mais sa présence se fait moins sentir là
que partout ailleurs ; le monde est une
région froide parce que le grand soleil de
l'amour ne l'éclaire pas !

Dimanche, 7 février.

« Et cependant il est certain que Dieu,
qui est tout amour, ne laisse pas, à des
moments prévus de lui seul, de paraître et
de se montrer au sein du monde. Vous
le savez bien, cette apparition est toute
intérieure ; l'âme seule en a la joie. C'est
au lendemain d'une déception ou d'une
imprudence, alors que, pareil au naufra-
gé, du rivage où la vague vous jeta, on
maudit la mer et ses tempêtes, c'est, dis-
je, à cette heure que Jésus-Christ se

montre et qu'il laisse entrevoir à la pauvre âme insensée l'inutilité et les tristes résultats de ses poursuites. Lorsque l'âme a le bonheur d'entendre ce doux reproche, lorsqu'elle comprend, à la lumière de cette divine beauté, combien étaient fausses les beautés d'ici-bas, oh ! alors, elle jette un regard de mépris sur ses idoles d'avant-hier et se tourne vers Dieu, par un mouvement de sincère regret et de sincère adoration. Elle voit bien qu'il est tard, mais ce retard ne la décourage point ; humiliée, elle apporte à son maître des ruines qui, au contact de son amour, peuvent tressaillir et fournir encore leurs pierres au monument d'une vie parfaite. »

8 février.

Hier, j'ai passé la journée au lit ; j'étais trop fatigué : aujourd'hui, je vais mieux.

J'ai pensé tout hier à P.., cette pauvre

jeune fille qui aimait tant le monde et que
la mort surprit à Marseille à l'heure où elle
n'y songeait pas. Au fond, la pauvre enfant ne recherchait les sociétés et les fêtes
que dans l'espoir d'y faire une rencontre
et de pouvoir s'établir :

La pauvre enfant, de fête en fête promenée,
De ce bouquet charmant composait les couleurs.
. . . .
Elle est morte en cueillant des fleurs.

Mardi-Gras. — Les rues sont occupées
par les masques. De hideux faux visages
battent le pavé, et ce soir tout ce monde
travesti, sur les bancs de quelque cabaret
se laissera tomber ivre-mort.

N'est-ce pas que le monde est bien
bête et qu'il ne sait pas ce qu'il fait, car
parmi ceux qui traînent ces ignobles dé-
froques aujourd'hui et qui rient stupi-
dement derrière leurs lèvres de carton,

combien, l'année prochaine, seront au cimetière et feront plus triste figure encore !

Mercredi des Cendres, 10 février.

C'est une terrible leçon que celle que
nous donne l'Église aujourd'hui ; notre
pauvre orgueil humain est humilié au-
tant que faire se peut par ces quelques
grains de poussière qui nous tombent
sur la tête.

11 février.

Journée fort triste. J'ai reçu une lettre
de M... Cette lettre m'a fait du bien, car
M... est encore de ces âmes qui sont
presque continuellement clouées à la
croix.

Or, n'ayant ni la vertu ni la sainte
énergie de cette vierge, comment pour-
rai-je lui répondre? On n'apprend pas
le style des saints : pour avoir au front

les rayons de Moïse, il faut avoir vécu
sur le Sinaï !

Pourtant, à demain ma réponse : j'ai
assez souffert aujourd'hui pour parler
de croix et d'épreuves. Dieu fera le reste
et mettra au bout de ma plume des mots
qui fassent quelque bien.

(Depuis cette date jusqu'au 25, j'ai
gardé le lit ; durant cet intervalle, j'ai
reçu une lettre d'Ern…, à laquelle j'ai
dû répondre immédiatement : j'avais jugé
bien témérairement cet enfant et j'avais
pris pour grimace ce qui était confiance
véritable.)

25 février.

Je vais beaucoup mieux : me voici levé,
presque en convalescence. J'ai espoir
qu'avec encore quelques jours de chambre
et surtout un séjour prolongé à la campagne, je pourrai me remettre à peu
près complètement ; puis Dieu fera de
moi ce qu'il voudra.

(A propos de politique...) La France se trouve actuellement dans la situation des peuples abandonnés à eux-mêmes et délaissés par l'esprit de Dieu : c'est l'état de l'Egypte dans cette affreuse peinture que fait Isaïe.

De jour en jour, ceux qui la conduisent aggravent cette situation par leur négligence ou leurs lois ridicules. On se demande ce qu'avec de telles lois, à une heure venue, c'est-à-dire à l'heure où les élections auront donné au pays pour représentants des radicaux, on se demande ce que nous deviendrons. Au reste, cet effondrement lent et silencieux n'effraie personne : on s'amuse, on joue à la bourse, on rit comme avant, sauf à se récrier plus tard, quand il ne sera plus temps. et à recevoir les coups.

Voilà où nous ont conduit tous ces principes tant vantés ! Voilà les fruits de ce progrès dont depuis cinquante ans on nous fait l'apologie ! Avec tous ces beaux mots et ce grand orgueil, nous descendons d'abîme en abîme jusqu'au sépulcre honteux où le bas empire nous attend.)

26 février.

Le mieux se poursuit, mais lentement.

Ce que je souffre moralement est indicible. C'est une torture incessante et qui ne me laisse aucun repos. Ajoutez à cela des douleurs physiques qui me tiennent ou au lit ou sur une chaise, et vous aurez une idée de mon état.

O mon Dieu ! c'est pourtant à votre service que j'ai contracté le germe de toutes ces souffrances ! Peut-être qu'en faisant moins, en vivant dans un égoïste repos, je serais aujourd'hui bien tranquille et non cloué sur votre croix !

Et toutes ces âmes, que deviennent-elles, ô Seigneur ?

6

Puis on te dit, ô prêtre ! ne pensez à rien ; vivez sans souvenir ; faites taire votre cœur... Comme si cela était possible !

27 février 1875.

Tous les souvenirs qui se présentent à mon esprit ne font qu'ajouter à mes souffrances. Il faut combattre contre ma mémoire et continuer à porter ma croix : « *Foris pugnæ, intus timores !* »

1er mars 1875.

Je place tout ce mois sous le patronage de Saint-Joseph, comptant sur sa protection spéciale et sur le grand pouvoir qu'il a auprès de Dieu.

Comment passeront ces trente jours ? Je l'ignore. Serai-je guéri à la fin du mois ? Faudra-t-il continuer cette vie de repos forcé et de souffrances ? Je ne sais. Le tout est que Dieu, qui ne l'ignore pas, me donne la résignation.

2 mars 1875.

A UNE AME

(Lettres de l'exil.)

« Je comprends vos peines et saisis par-
faitement le sujet de vos angoisses : vous
avez à vous plaindre d'abord de vous-
même, qui n'aimez pas assez Dieu, et de
ceux qui vivent auprès de vous et qui
l'aiment encore moins.

« Beaucoup portent cette double croix,
et je suis même persuadé que, de toutes
les souffrances du cœur, celle-là est la
plus agréable au maître.

« Mais, en vérité, êtes-vous juste
quand vous faisant à vous-même votre
procès, vous vous déclarez sans amour ?
Est-il vrai que vous n'aimez point Dieu,
ô Marie ? Je crains fort que sur ce point

votre humilité vous fasse avancer des inexactitudes. »

3 mars 1875.

(*Suite.*) « Si vous n'aimiez pas Jésus-Christ, vous ne songeriez pas tout d'abord à vous plaindre de l'insuffisance de votre charité. Voyez-vous, il en est de cette divine passion comme de toutes les convoitises de notre nature, qui ne sont jamais satisfaites : l'amour divin, comme l'amour humain, ne sait jamais où il en est ; c'est là, tout à la fois, son bonheur et sa misère ; son bonheur, car cette ignorance ne lui permet aucun repos ; sa misère, parce qu'il occasionne à la pauvre âme d'incroyables tortures.

« Oui, si nous avions quelque certitude d'aimer Dieu suffisamment, il est à peu près certain qu'un orgueil tout intime nous tiendrait dans une quiétude criminelle. Nous nous dirions : il y en a assez ! Te voilà parvenu sur le Thabor ; jouis et comtemple, et laisse à d'autres le combat. »

4 mars 1875.

(*Suite.*) « Or, justement vous le savez, c'est le combat qu'il nous faut ! Il est sûr que dès que notre âme est exempte de faute mortelle et fuit, avec sévérité, même tout péché véniel, elle peut se dire dans la voie du saint amour. Or, la volonté de Dieu est qu'elle marche dans cette voie avec crainte et tremblement. C'est pourquoi, en étudiant la vie des saints, vous vous apercevrez que la période de leur vie où ils pratiquèrent les vertus les plus hautes, a été également la période la plus tourmentée de leur séjour ici-bas. Or, en les voyant au faîte de la perfection chrétienne, abreuvés toutefois d'épreuves, dénués de consolations, tentés d'une façon horrible, qui pourrait dire que l'amour de Dieu avait diminué en eux ? »

5 mars.

(Suite.) « Non, ces tourments de notre cœur ne doivent point nous troubler et nous surprendre : entre notre cœur et Dieu, il y a toute l'étendue de l'exil et la misère des choses créées. Notre cœur s'élance, il ne peut atteindre l'objet de son affection, il semble qu'une main le repousse et lui dise, comme à Marie-Madeleine : Ne me touchez point !... Mais cet élan, au fond, n'est autre chose que l'amour lui-même, et ses soupirs et ses craintes sont les cantiques et les hymnes dont il doit se contenter ici-bas, dans la vallée de son exil : *gemit peregrinus.* »

6 mars.

(Suite.) « Je ne vous dirai pas autre chose de ce tourment que vous endurez,

que tous les saints connurent avant vous et
qui doit causer votre joie. Ces larmes du
cœur ne sont pas faites, en effet, pour conduire au désespoir, mais, au contraire,
elles doivent vous réjouir par le pressen-
timent des allégresses qui les remplaceront
quand, les ombres de l'exil évanouies,
nous serons au grand jour de l'éternité.
En attendant, il faut faire son chemin
dans une douce tristesse, avec cette mélancolie du voyageur qui sait, d'une certitude
absolue, qu'il va rejoindre des êtres bien-
aimés et qui souffre toutefois des lon-
gueurs du chemin et des ténèbres de
l'exil. Marchez de la sorte, sans décou-
ragement, consolée par cette vision intime
du bonheur qui vous est promis, ne ces-
sant d'aimer celui que vous ne cessez
d'attendre et donnant à tout l'ensemble
de votre conduite ce double aspect de joie
et de sainte mélancolie qui sied à merveille
à tous ceux que Dieu appelle au ciel et qui

s'y rendent, à travers les vallons miséra-
bles de ce monde. »

Dimanche, 7 mars. (Lætare.)

De quoi faut-il que je me réjouisse, ô
mon Dieu ! moi qui suis privé de tout et
qui tantôt contemplais d'une fenêtre la
foule de vos enfants qui se rendait en pro-
cession dans vos temples?

Plus de prières, plus de sacrifice, plus
de prédication, plus de rapport avec les
âmes. Séparé plus que jamais du monde
par un dégoût irrésistible et enlevé à mon
ministère par un mal qui s'en va avec une
désespérante lenteur, je ne puis que dire
avec saint Paul : « Je me réjouirai de mes
infirmités. » Tout ce grand ennui me rap-
proche de votre croix ; heureux serais-je
si je savais comprendre et apprécier ce
bonheur, toutes ces souffrances me mettant en communion directe avec votre
Eglise martyre, votre Eglise, ma sainte

mère, affligée, elle aussi, par des maux sans nombre et qui porte avec tant de résignation cette couronne d'épines que vous mîtes dans la corbeille de votre divin mariage, aux jours des noces sanglantes du Calvaire.

Avec elle, ô Jésus : *fiat !*

8 mars.

Anniversaire de la mort de Maurice.

O doux frère de mon enfance ! enfant bien-aimé que nous conduisions à pareil jour au cimetière, toi dont la mort fit à nos cœurs une si cruelle blessure, ô Maurice! que tu es heureux d'avoir quitté ce monde et de vivre de cette vie des élus, à l'abri des tristesses et des tentations de l'exil !

O notre ange ! pense à nous et prie pour nous !...

9 mars.

Sainte Françoise, fête de ma sœur. —

Daigne sa sainte patronne veiller sur elle
et lui accorder toutes les grâces dont
elle a besoin à la veille de la démarche sérieuse qu'elle va faire !

Oh ! les unions saintes, bien prépa-
rées, sont si rares aujourd'hui, où il ne
s'agit que d'intérêt et de mode !

10 mars.

Je suis intimement convaincu que les
affaires du monde, aujourd'hui en si
mauvais état, ne pourront être rétablies
que par un sincère retour des âmes à
Dieu et par la reconnaissance formelle
des dogmes catholiques et de l'autorité
de l'Eglise par les pouvoirs humains.

Les gouvernements sont aujourd'hui
des navires sans boussole ; le gouver-
nail est faible et mal dirigé : on n'est
jamais tranquille à bord !

Qu'ils laissent donc un peu gouverner

le bon Dieu, et la navigation sera bien meilleure.

...(On ne peut pas se faire une idée de la souffrance qu'occasionne à l'âme du prêtre la cessation de tout rapport avec les âmes. Le prêtre n'a été ordonné que pour elles ; elles demeurent tour à tour, ou le sujet de ses grandes joies, ou la cause de ses plus cruelles douleurs. Quoi qu'il en soit, le vide est grand dans son âme, quand il est réduit à laisser à d'autres la direction des cœurs que Dieu lui avait confiés et à vivre, loin de ce grand travail, dans le repos et la tristesse.)

. . . .

. . . .

Huit jours après avoir tracé ces lignes, la mort venait glacer la main qui les avait écrites.

APPENDICE

LA FLEUR DU TABERNACLE

Ii était autrefois un prêtre
Qui n'avait pour tout mobilier
Qu'un vase sur une fenêtre.
Dans ce vase était un rosier.

C'était là toute sa richesse.
Point d'or, ni d'objet de valeur.
Voulait-il faire une largesse?
Il offrait quelque belle fleur.

Mais ici-bas, dit l'Ecriture,
Tout passe, et l'on voit tout périr :
Il n'est pas de beauté qui dure !
Il vit son rosier dépérir.

En vain, attention touchante !
Arrosait-il à tout moment
Le rosier chéri, car la plante
Se fanait, mourait lentement.

Que faire ? Il fallait un miracle.
Dans l'église il s'en vint prier,
Puis posa, près du tabernacle,
Le vase et le pauvre rosier.

Le soir, en traversant l'église,
Il s'en fut, le cœur oppressé,
Aux pieds de l'autel... O surprise !
L'arbuste s'était redressé,

Le lendemain, nouveau prodige,
Le rosier venait de fleurir,
Et surpris, il vit sur sa tige
Une rose s'épanouir !

D'autres roses lui succédèrent.
Le jour suivant, dimanche, au soir,
Toutes les roses s'inclinèrent
Lorsqu'il exposa l'ostensoir.

Chacun célébra le miracle,
Mais, craignant de pieux voleurs,
Le curé, loin du tabernacle,
Songeait à transporter ces fleurs.

Ce fut en vain ! car le jeune arbre
Evitant la translation,
S'attachait sous l'aile de marbre
D'un ange en adoration.

De ses rameaux fleuris, l'arbuste
L'entrelaçant avec amour,
Couvrit le tabernacle auguste
Où Jésus fixa son séjour.

Il y fleurit encor... Notre âme
Souvent comme lui va périr :
Bon Jésus ! elle vous réclame,
Et vous seul pouvez la guérir.

Mais, auprés de vos tabernacles.
Faites qu'elle aille s'abriter :
Vous êtes le Dieu des miracles,
Vous pouvez tout ressusciter !

(12 mai 1869)

Marseille.— Typ. E. Jouve et Cie, rue Montgrand, 36.